AF347336

PRIX : 5 CENTIMES.

EXTRAIT DU JOURNAL *LE PEUPLE*.

LE SOLDAT LOUP-GAROU.

JACQUES. — Bonsoir, père Léonard, tout le monde et la compagnie.

LE PÈRE LÉONARD. — Eh ! sois le bienvenu, mon garçon. Tu viens à la veillée ? c'est bien. Tu n'as pas oublié à l'armée la coutume de chez nous. Comme tu es pâle ! Tu as l'air d'un mouton qui a bêlé toute une nuit d'hiver à la porte de la bergerie. Que je t'embrasse, et rends cette marque d'amitié à nos filles. Les reconnais-tu ? Elles ont grandi, depuis sept ans que tu as quitté le pays. Plus d'une t'attendait, qui est contente ce soir. N'est-il pas vrai, bergères ? — Comme tu es rouge tout d'un coup, Toinon ! Mani, qu'as-tu à rossignoler tout bas ? Là, là, doucement, Fanchon, retiens ton cœur, ou ta brassière va craquer comme cette châtaigne dans la braise. Et dans le coin du foyer, les deux Marion, montrez-vous donc ! Ne dirait-on pas les deux pommes d'api que je garde sur le manteau de la cheminée ? Ce sont les dernières pommes de la saison. Qui dira le plus beau conte de la veillée les aura. — Jeanne, est-ce toi qui veux les gagner ? — Tu ne m'entends seulement pas Qu'as-tu à dévisager notre Jacques, avec tes yeux pâles ? Le vois-tu donc pour la première fois ?

JEANNE. — Pour la dernière fois.

UNE VIEILLE. — Prends garde, Jeanne : c'est une parole de malheur, de malheur, en vérité.

LE PÈRE LÉONARD. — Ce n'est pas une parole, c'est une inno-centerie. Depuis que la conscription lui a pris son promis, la pauvre n'a plus son esprit.

JACQUES. — Eh bien, père Léonard, est-ce que vous ne commencez pas, comme autrefois, à dire des contes ?

LES FILLES. — Oh ! oui, père Léonard, un conte, un conte de loup-garou !

LE PÈRE LÉONARD. — Je le veux bien ; mais ce ne sera pas un conte, c'est une histoire.

LES FILLES. — Une histoire vraie ? Est-ce donc que vous l'avez vu, le loup-garou ?

LE PÈRE LÉONARD. — Non pas moi, mais mon grand-père, qui l'a dit à mon père.

JACQUES. — Apportez le panier aux châtaignes, nous les pèlerons en vous écoutant.

LE PÈRE LÉONARD. — C'était comme ça une nuit d'automne. Mon grand-père, un fier homme, ma foi, qui pour lors n'avait pas trente ans, revenait de veillée, comme qui dirait ce soir, la première veillée de la saison des châtaignes.

Il revenait tout seul, parce que son valet, qui l'avait accompagné jusqu'à la porte, l'avait quitté subitement à l'entrée de la maison, et s'était enfui tout d'un trait, comme si le diable l'emportait.

Il revenait donc tout seul. Le vent faisait froid. La lune avait la pâleur, la lune avait les yeux de notre pauvre Jeanne. Tout cela n'était pas pour égayer.

Le grand-père faisait son impossible pour penser à autre chose. Il se figurait sa femme et son nouveau-né. Il comptait ses gerbes sur ses doigts. Mais il y avait comme un charme dans l'ombre, qui finissait par lui faire chercher au bout du chemin, devant lui, les histoires de l'autre monde, et les apparitions qu'il venait d'entendre raconter autour du feu de la veillée.

Bientôt un petit bruit de feuilles sèches, qui semblait suivre sa droite, sous les grands châtaigniers, lui fit dresser l'oreille. Il s'arrêta ; en même temps le bruit s'arrêta. Il se remit à marcher, et le bruit de recommencer. Un frisson lui courut dans les os, lorsque quelque chose vint à sortir de l'ombre des châtaigniers.

C'était un chien. « Bête je suis, et plus que cette bête, se dit mon grand-père, d'avoir eu peur du pas d'un chien dans les feuilles. »

Le chien était noir et semblait fatigué. Mon grand-père le siffla. La bête se reposait sur son derrière, et ne répondit pas. Mon grand-père s'approchant crut reconnaître un grand chien qu'il n'avait pas revu depuis que son nouveau valet était entré à son service. Il voulut le prendre, mais la bête se leva. Mon grand-père suivit en faisant : « Psit ! psit ! psit ! » Ah ! bien oui, le chien noir détalait comme un sourd, et boitillait, ne laissant que la longueur de son ombre entre mon grand-père et lui.

Cela dura ainsi un morceau de chemin, puis un autre, puis encore, tellement qu'à la fin, ce manége devint suspect, et mon grand-père voulut s'arrêter. Mais il était comme ensorcelé derrière le chien noir ; et il ne voulait pas le suivre, et il le suivait.

Arrivé au chemin du Paradis, vous savez, à cet endroit tout creux où la roche et les buissons font la nuit en plein jour, mon grand-père, qui avait la sueur froide, vit qu'il n'y voyait plus rien. Il planta sa course, et s'essuya le front.

— Le malin est parti, pensa-t-il.

Et comme il n'entendait plus le bruit, il s'appuya les mains sur les genoux, et baissa l'oreille contre terre afin de mieux écouter.

Quand il fut pour se relever, il retomba sur les poignets. Une grande charge lui chargeait le dos. Il se débattit ; mais plus il faisait d'efforts pour se débarrasser, plus le poids devenait lourd, tellement qu'à la fin il lui semblait avoir trois sacs de blé sur l'échine.

— C'est le Diable, se dit-il ; si je résiste, il me tuera !

Et il ne bougea plus.

Ce qui se faisait porter était chaud et bourru. Une haleine brûlante dans les cheveux de mon grand-père, deux pattes velues autour de son cou, et deux autres pendant derrière, et le piétinant doucement comme pour lui dire de se lever et de marcher, mon grand-père se releva avec précaution, et marcha.

Mais voici qu'au sortir du chemin creux, un aboiement se fit entendre devant eux.

Ce qui se faisait porter poussa un soupir, et glissa à terre. Et mon grand-père ne vit rien, mais il entendit des chiens se débattre et crier comme s'ils se mangeaient. Et puis tout se tut, et ce qui se faisait porter remonta sur son dos.

Ils arrivaient à une clairière, quand mon grand-père se hasarda à regarder de côté, et vit sur son épaule la tête du grand chien noir qui pleurait comme un homme, en rongeant entre ses dents blanches un os auquel pendait un lambeau de chair saignante. Perdu de frayeur, mon grand-père se mit à courir, à courir comme un fou, avec cette figure étrange sur les épaules.

Il arrive à sa maison, il frappe à la porte, sa chienne jappe dans la cour. Alors ce qui se faisait porter poussa un second soupir et glissa à terre. Pendant que la pauvre chienne hurlait son cri de mort, la maison s'ouvrit, mon grand-père s'élança dedans, chevilla la porte, et tomba roide sur le pavé de la cuisine.

Lorsqu'il revint à lui, il ouvrit doucement la fenêtre, et vit, au clair de lune, son valet sortir de l'étable où il couchait auprès des bœufs. Le gars était pâle comme s'il venait de faire un mauvais coup. Il regarda avec inquiétude autour de lui, gratta le fumier, et cacha soigneusement quelque chose sous la paille. Ensuite il rentra dans l'étable.

Que venait-il de cacher, et pourquoi cachait-il quelque chose?

Mon grand-père sortit, et alla voir sous le fumier. Il y trouva une peau, une peau de chien noir. Il lui vint toutes sortes d'idées sur cette peau; tellement qu'il la prit au bout d'une fourche, la porta dans sa cuisine, alluma un grand feu et l'y jeta. Après qu'elle fut consumée tout en cendres, il éclaira sa lanterne et entra dans l'étable. Le valet était au lit. Il lui porta sa lumière au visage. Le gars dormait en sueur comme un qui repose après une course. Chose singulière! son haleine sentait le chien, et il avait du sang mal essuyé sur les lèvres et dans les dents.

Mon grand-père, illuminé d'une idée subite :

— Jean, dit-il d'une voix de grand-juge ; Jean, qu'as-tu fait cette nuit ?

Le valet se leva, à demi éveillé, sur son séant.

— Jean, pourquoi cachais-tu une peau de chien noir ? Pourquoi as-tu la gueule ensanglantée, Jean ?

Jean, comme foudroyé par ces mots, sauta du lit en bas, aux pieds de son maître.

— Au nom de Dieu, ayez pitié de moi ! s'écria-t-il en suppliant et pleurant. Oui, mon âme a été engagée pour sept ans. Je suis loup-garou, oui ; et trois nuits par semaine, couvert de cette peau qui me change en chien, je suis condamné à parcourir sept paroisses avant le lever du soleil, et à manger tous les chiens que je rencontre. Pauvres chiens ! il me semble que je mange mes semblables. Je me désole et je pleure, comme vous l'avez vu, quand, harassé de courir, je me suis fait porter par vous. Je me désole et je pleure ; mais c'est plus fort que moi, il faut que je morde. Je voudrais les épargner et je saute sur eux. Mon cœur sanglote, et mes griffes, et mes crocs insensés serrent leur pauvre gorge. Je bois leur sang chaud ! et j'aimerais mieux mourir. Je me fais horreur, mais c'est un sort.

Enfin, cette nuit encore !... et demain, tout sera fini. Les sept ans s'accomplissent ce soir. A minuit, je rapporterai ma peau là où je dois, et...

— Et tu ne la rapporteras pas, interrompit mon grand-père, je l'ai brûlée.

— Brûlée ! ah ! mon Dieu, mon Dieu ! mais si je ne rapporte pas cette peau ce soir, à minuit, il me faudra recommencer mon temps ; recourir sept ans ; manger encore de pauvres chiens, des frères, dont les cris saignent le cœur. Vous l'avez brûlée ! ah ! ah ! ah !

LES FILLES. — Ensuite, père Léonard ?

LE PÈRE LÉONARD. — Et ensuite — c'est tout. Mon père ne m'en a pas dit davantage.

LES FILLES. — Il y a donc des loups-garous, père Léonard ?

LE PÈRE LÉONARD. — Je ne vous dis pas qu'il y en a encore de notre temps ; je vous raconte ce que mon père m'a raconté, et ce qui était du temps de mon grand-père.

JACQUES. — Je ne sais pas s'il y a eu des loups-garous autrefois, mais plaise à Dieu qu'il n'y en ait pas toujours ! Que diriez-vous, mes amis, si je vous disais que je crois que je l'ai été, et que je ne suis pas sûr de ne pas l'être encore ?

TOUTE LA VEILLÉE. — Ah ! mon Dieu !

LE PÈRE LÉONARD. — Te moques-tu de nous, ou as-tu laissé ta raison là-bas, au régiment ?

JACQUES. — Non, non : attendez... Tout ceci est dans ma tête comme un mauvais rêve.

LE PÈRE LÉONARD. — Ton air m'effraye. T'aurait-on jeté un sort ?

JACQUES. — J'ai trop souffert : il faut que je me soulage de tout.

Vous souvenez-vous, mes bons amis, d'il y a sept ans, quand je tombai au sort? J'étais triste, mais triste à la mort. Je sentais mon âme et mon corps engagés pour sept ans. Par qui? pour qui? je ne le savais pas, je ne le sais pas encore. Mais ce qu'il y a de certain, c'est que je l'étais. Mes amis, mes parents me le disaient en pleurant, et qu'on ne pouvait s'y soustraire à moins d'être infirme, estropié, ou d'avoir de quoi, pour acheter l'âme et le corps d'un autre homme, qui, par misère, s'engagerait à faire les sept ans.

Comme j'étais trop pauvre pour m'acheter un homme, je ne pouvais voir boiter mon camarade Raymond, ou bien écumer et se tordre en convulsions l'épileptique d'à côté, sans envier leur mal comme un sauveur. Je maudissais ma santé et ceux qui me l'avaient donnée. J'essayai même d'attraper la maladie. Je prenais ma course le soir, et puis je m'étendais la nuit, tout en sueur, dans la rosée. Mais je ne m'en réveillais que plus frais le matin.

Le jour vint. On me fit mettre nu ; on me tâta ; on m'examina comme un jeune veau à vendre. — j'étais bon. — On m'emmena à la ville. On me conduisit avec beaucoup d'autres dans la plus grande maison, où il y avait tant de corridors, tant de chambres, tant de cours, que l'on ne pouvait y marcher sans se perdre.

Dès que j'y fus, on me prit la tête. On me la tondit comme un mouton pour la boucherie. Puis on me fit quitter nos habits du pays, et on me donna en place, à moi aussi, une espèce de peau, de peau rouge et bleue ; et, chose étrange, il me sembla que je commençais à être moins homme là-dedans que sous mes anciens habits.

Puis une voix terrible nous lut une litanie à laquelle je ne comprenais rien. Seulement le mot de mort, mort, mort, répondait à la fin de chaque phrase comme un amen.

Nous pleurions sans rien dire.

— Vous avez entendu, paysans, bêtes brutes ! nous cria la Voix. Vous ne vous appartenez plus. Vous n'avez plus de volonté que celle de vos chefs, qui eux-mêmes n'ont que celle de leur commandant supérieur. Obéissez à la voix, au doigt et à l'œil, et tout ce que vous ferez sera bien fait. Sinon (vous venez de l'entendre, et on vous le relira tous les jours, afin que vous ne l'oubliiez pas une minute), mort, mort, mort !

Je pleurais sans rien dire, je comprenais que j'étais possédé.

Tout à coup une trompette sonna, et la Voix nous fit aligner.

Une trompette sonna, la Voix nous fit marcher, courir, tourner cent fois tête à droite, tête à gauche, sabrer les airs, fusiller les nuages.

Une trompette sonna, la Voix nous fit manger ensemble, comme des pourceaux, dans la même écuelle.

Une trompette sonna, la Voix nous conduisit au bord de la mer, sur des bateaux grands comme des granges, et nous débarqua dans un pays inconnu. Puis elle nous fit marcher jour et nuit dans une terre brûlée que le soleil avait convertie en sable, et où nous ne rencontrions ni habitations ni habitants.

Nous arrivâmes enfin, un soir, à un village dont les maisons étaient de toile. Des mères, accroupies devant leurs portes, faisaient paisiblement teter leurs petits enfants. D'autres femmes préparaient le souper. Un vieux racontait une histoire à un cercle d'hommes assis immobiles sur leurs talons, tandis que d'autres faisaient rentrer leurs troupeaux.

Une trompette sonna, la Voix nous fit entourer le village et charger nos fusils.

— Feu ! dit-elle.

Et mes compagnons déchargèrent leurs fusils sur les mères qui allaitaient leurs petits enfants, sur le vieux qui racontait, et sur les hommes qui faisaient rentrer leurs troupeaux. Moi, je ne pouvais me décider à faire comme eux.

— Tire donc, lâche ! me cria la Voix.

— Mais, que nous ont-ils fait ? répondis-je en tremblant.

— Ce sont des Arabes. D'ailleurs, je crois que tu raisonnes. Tire, ou je tire sur toi.

Je lâchai mon coup en fermant les yeux, car ils avaient beau être des Arabes, ils saignaient, ils criaient, ils souffraient comme nous. Et puis... et puis sept ans de suite cela continua ainsi. Vous raconter ces sept années, c'est impossible. Elles me font trop de peine. J'étais possédé. Les loups-garous ordinaires redeviennent hommes le jour, et moi, je ne le redevenais que la nuit, quand j'avais quitté cette méchante peau. Alors seulement je pouvais songer à vous autres, au pays, et je m'endormais en pleurant.

Enfin, il y a quatre mois, mon temps finissait. On nous remit sur les grands bateaux qui nous ramenèrent sur mer, jusqu'au bord d'où l'on nous avait fait partir la première fois, et on nous conduisit à une grande ville, la plus grande, la plus belle qui se puisse voir.

Cette ville était abondante et regorgeait de bonnes choses de vêtement et de bouche ; cependant les habitants de ses faubourgs, hommes, femmes, enfants étaient déguenillés, étaient maigres, étaient tristes ! — Ça faisait pitié ! Ils nous regardaient passer d'un air sombre ! — Ça faisait peur !

Ils agitaient devant nous de grandes perches, au bout desquelles flottaient des lambeaux noirs avec ces mots : *Vivre en travaillant ou mourir en combattant.* Et ils nous disaient avec la voix que nous avons dans les années de grêle, quand nous ne mangeons pas notre aise de pain : — Nous sommes frères. Caïn

a tué son frère, mais vous ne venez pas nous tuer, n'est-ce
pas?

Et il fallait bien que ce fussent nos frères, puisque leurs paroles nous faisaient venir les larmes aux yeux. Nous allions répondre, quand la Voix commanda aux trompettes de sonner. Le
cuivre couvrit nos paroles, et nous ne pûmes nous faire entendre, en sorte qu'ils crurent que nous leur voulions du mal.

Nous passâmes la nuit par terre, sur une place, avec nos fusils
chargés, comme dans le pays de mer d'où nous venions, et
toute la nuit, comme là-bas, nous entendîmes des coups de feu.

Le lendemain, à la pointe du jour, on nous fit enfiler une rue
dont les pavés étaient arrachés et rassemblés en tas à l'autre
bout. Sur ce tas de pavés flottaient des drapeaux noirs, avec les
mots que nous avions vus la veille. Derrière, étaient les hommes,
les femmes, les enfants qui nous avaient appelés frères. La Voix
nous fit aligner devant eux en bataille. — En joue ! dit-elle.

— Mais ce sont nos frères, m'écriai-je ; ils nous l'ont dit.

— Ce sont des insurgés, répondit la Voix avec un ton terrible.
Pas de raison, et feu !

Je sentis bien, hélas ! que j'étais possédé. J'armai mon fusil
malgré moi. Un nuage me passa devant les yeux, Nous tirâmes.
Mais eux s'étaient battus toute la nuit, et ils n'avaient plus de
poudre pour nous répondre. Ils jetèrent leurs armes inutiles,
montèrent sur le tas de pavés, et, après avoir embrassé leurs

femmes et leurs enfants, ils les mirent à côté d'eux pour mourir ensemble.

— La mort délivre! dirent-ils. Puisqu'on nous refuse du pain, frères, envoyez-nous des balles !

Et ils nous ouvraient leurs poitrines amaigries, et les larmes nous bouchaient les yeux.

— Sacré nom de Dieu ! hurla la Voix. Achèverez-vous ces brigands, oui ou non ?

Mes pauvres compagnons tressaillirent en sursaut, et tirèrent.

J'étais comme fou, et je criais en forcené :

— C'est trop cruel, tout de même!... Non, non, plutôt tirer sur moi-même, plutôt mourir.

Ceux qui n'avaient pas été abattus par la décharge se laissèrent faire prisonniers sans résistance et sans même essayer à fuir.

— Qu'on les fusille, dit la Voix, — et, ajouta-t-elle, en se tournant vers moi, je te regarde ; avise-toi de ne pas faire ton devoir...

La douleur, l'indignation rompirent un lien dans ma poitrine et dans ma tête.

— Tu peux me tuer, répondis-je, tu peux me tuer ; mais je le sens, je redeviens mon maître, et tu ne tueras plus un pauvre loup-garou, mais un homme.

— Qu'on fusille ce fou avec les autres, fit la Voix furieuse.

A ces mots, je jetai mon fusil ; je m'élançai par-dessus le tas de pavés ; je tombai sur des morts et des mourants et je m'éclaboussai dans leur sang. Je me relevai, saisi d'horreur de ce qu'on m'avait fait faire, et j'ai couru comme un perdu, pendant sept jours et sept nuits, sans m'arrêter, lorsque j'ai aperçu ce matin le clocher de chez nous.

JEANNE. — Ecoutez, écoutez, là, dehors.

LES FILLES. — Qui peut venir à cette heure de la nuit?

LE PÈRE LÉONARD. — C'est un pas de chevaux.

JEANNE. — Entendez des sabres qui cliquettent. Ce sont les gendarmes qui m'ont emporté mon promis.

JACQUES. — On vient me prendre. J'ai perdu ma peau de loup-garou. Il va falloir recommencer mon temps, recourir sept ans, tuer encore de pauvres gens, des frères, dont les cris me saignent le cœur.

Adieu, mes bons amis, adieu pour toujours ; car personne ne sera plus maître de mon corps ni de mon âme. La mort délivre, comme disaient les frères qu'on m'a fait tuer.

ERNEST LEBLOYS.

A LA PROPAGANDE DÉMOCRATIQUE ET SOCIALE,

RUE DES BONS-ENFANTS, 1.

ON TROUVE ÉGALEMENT :

Le Chant des Ouvriers
et
Le Chant des Etudiants,

Paroles et musique
de
Pierre Dupont.

SOUS PRESSE :

Histoire de Monsieur Un et du Bonhomme Trentequatre,
par l'auteur du Soldat loup-garou.

Paris. — Imp. Schneider, rue d'Erfurth, 1.